K金尉出版

K金尉出版

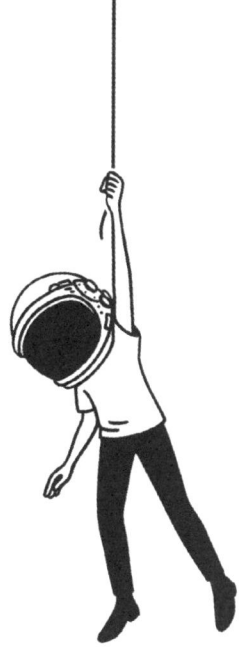

你不必有個夢想
You Don't
Have to Have a Dream
Advice for the Incrementally Ambitious

獻給我老爸

你不必有個夢想
You Don't Have to Have a Dream
Advice for the Incrementally Ambitious

人生的9堂課提醒你——慢一點，沒目標也能活得好

提姆・明欽
Tim Minchin ── 著

安德魯・瑞
Andrew Rae ── 繪圖

李佳 ── 譯

K 金尉出版

6
序

10
人生的9堂課

70
我的訣竅

100
你一直都想成為演員

序

說真的,我心裡那個憤世嫉俗的我明白,大學頒發榮譽博士學位,無非是為了搏取曝光。這種交易大家都心知肚明:某個所謂的名人,穿上一襲華麗的袍子、戴著一頂鬆軟的貝雷帽,然後上台發表演講,只要演講內容夠精彩,再加上學校的公關團隊操作得當,這所大學就能贏得一點媒體關注。

這可以算是一場公平的交易吧 —— 漂亮的辭藻換來漂亮的帽子。

但憤世嫉俗已經是 2020 年代初期的老派作風了,如今能堂而皇之地穿著絲綢斗篷而不被嘲笑的場合實在少之又少,因此我選擇為這個「假博士頭銜」感到驕傲。

(事實上,我已經接受了 3 個榮譽博士學位,所以雖然我老爸跟我爺爺都是外科醫生,但我毫無疑問是家族中有史以來最優秀的 Dr Minchin[1]。

---

1. 譯註:英文中,博士頭銜與醫生頭銜使用的同是 "Dr",Minchin 是作者的英文姓氏。

而我明白優秀往往伴隨著責任,所以我在此向各位保證:如果哪天我們搭乘同一班飛機時你心臟病突然發作,在機組人員呼叫醫生時,我一定會挺身而出。最起碼,我可以免費為你的臨終遺言提供幾個不錯的哏。)

本書收錄了我為3家大方授予我「歡樂貝雷帽時光」的學術機構所做的3場典禮演講,其內容分別對應到我作為「一個人」、「一位音樂家」和「一位演員」的心路歷程。在這3個領域中,我確實有所經歷,甚至可以說是有所斬獲,所以我認為自己可以合理地臭美一下,或者說,希望你們會願意原諒我的臭美。

回顧這3篇演講,我發現它們雖然有些重複,但彼此之間亦頗具互補性和一致性。我熱愛科學、務實進步、既浪漫但又現實的世界觀無處不在,充分滲透在這些演講稿之中,也深深影響了我大部分

的作品,包括本書的序言。

我曾經有點擔心,這些演講若以文字形式呈現,可能會不夠生動,畢竟我精心雕琢的講稿一向是簡單扼要、帶點押韻的風格。

但這麼多年來,有許多人跑來告訴我,他們曾將這些演講的某些段落列印出來;或者將其中幾句話寫在便利貼上,貼在書桌上方;甚至在課堂和演講中引用我的講稿。現在,能把這些演講變成一本真正的實體書 —— 一本可以放在馬桶旁邊翻閱、緊緊裝訂的小書,我感到非常高興。

這正是我的歸宿。

提姆・明欽(Tim Minchin),2024 年 6 月

人生的9堂課

西澳大利亞大學，2013 年

前言

　　我進入西澳大學就讀時只有 17 歲，當我混了個文學學士走出校門時，也不過就 20 歲。身為「專業拖延大師」，這 3 年間我所有的論文、文學分析和創作，都是在自作自受的極限施壓之下完成。這種習慣在畢業後的數十年間，也都沒什麼改變。

　　2013 年，母校西澳大學授予我榮譽文學博士學位，我在典禮開始前的 48 小時，倉促地完成了那篇後來被稱為〈人生的 9 堂課〉的演講稿。當時的我已經 38 歲，比耶穌在人世間還多活了 5 年，所以我覺得自己完全有資格居高臨下地給學弟妹灌點雞湯。我不記得當時是否知道有人在錄影，但如果我能早點知道這段演講最終會被觀看個幾百萬次，或許我會更加斟酌一下言詞。

　　這大概也是個不錯的理由，告訴我們有些事情，真的不需要想太多。

　　在這 10 年間，「世界」和「我對世界的看法」

都有所改變（世界改變了許多，而我的世界觀則只有些許變化）。如果是今天的我來寫這篇演講稿，重點可能會有所不同：我肯定會忍不住多談談社群媒體如何腐蝕社會的凝聚力，把人們推向封閉極端的立場。

但我其實不需要改太多，雖然我們表達觀點的方式與過去不盡相同，對抗錯誤觀念所需要的工具，從來沒有變過。

我創作的聖誕歌曲《艷陽下的白酒》（White Wine in the Sun）中，有一段歌詞如下：

我不崇尚古老的智慧，
我不相信某些想法只因為根深蒂固，
就值得千古流傳。

我自認為這段歌詞寫得不錯，但說到底這並不是什麼新潮的想法——在哲學上，訴諸傳統

（argument from antiquity）指的是一種謬誤，認為某個觀念因為存在已久，所以必然正確。

這種錯誤推論至今仍不時冒出頭，但最近更使我擔心的，卻是另一種正好相反的錯誤思維：在我們當今所處的時代，我們往往只因為某些觀念是舊的，或者因為這些觀念未能帶來烏托邦式的理想結果，便想將它們徹底拋棄。

我們應該保持警醒，因為在歷史那池又臭又舊的洗澡水中，仍沉浮著許多值得借鑒的瑰寶。

雖然我的世界觀一直在演變，但它依然根植於相當老派的價值之上，例如：

- 批判性思維和科學方法的重要性（這兩者聯手起來可以掃除各種偏見）。
- 對於思想自由市場那種痛苦卻必要的堅持（即使是令人厭惡的觀點，也應該有存在的空間）。
- 對於「不能自由發言」和「被強迫表態」這兩種情況的本能反感（即使這麼做的出發點是好意）。
- 其他重要的啟發性思維。

這些「啟蒙時代」的價值觀並非由歐洲人自上而下發明出來的政治意識形態，而是一種歷經時代考驗、跨越文化的智慧累積，最後產生的智識結晶（intellectual gestalt）。

抱有這些價值觀並不保證藥到病除，我也可以理解，看到改變這麼緩慢讓人感到挫折，因此如今不論是民粹反動的右翼，還是受後現代主義影響的左翼，都輕率地把這些價值觀丟到一邊。但我相信，它們依舊是無可替代的人生錦囊。

沒有任何宗教、政治意識形態、戰爭或革命，能比下面這個簡單的觀念更能推動世界進步：我們應該以懷疑的態度面對自己的假設，並對新觀念和新資訊保持開放。

這種思維模式有一個巨大的優勢：本身內建了靈活模組，並且能隨著時間推移帶來持續改善的進步。它促進了觀念的演化，而且本質上是反教條的，因為它同時要求我們在知識、思考、心理、思維層面乃至文化上，都必須保持謙卑（說句公道話，後現代主義在培養這種謙卑上確實做出了一點貢獻）。

現在只要多加上幾項理念，比如「善意原則」—— 以你自己希望被傾聽的方式，大方地傾聽他人的觀點，以及堅定地拒絕用「非我族類，其心必異」的態度劃分小圈圈，你就擁有了一套推動人類社會繁榮發展的美好配方。

老舊的洗澡水裡有歷久彌新的寶貝啊，親愛的讀者。

我至今抱持著一種熱情、可能有些天真的信念：藝術是分享理念最有力的方式，因此這些價值觀自然而然地出現在我的作品中，且超越了演講和脫口秀的範疇。2009年，我為音樂劇《瑪蒂達》（Matilda the Musical）編寫了這段由討人厭的溫伍德太太在〈大聲就有料〉（Loud）一曲中演唱的諷刺歌詞：

> 你懂多少根本不重要，
> 只要把你不知道的東西大聲吼出來就行了，
> 這個時代內容已不再重要，
> 只要大聲你就有料。

同一年，在〈圍籬〉(The Fence) 一曲中，我寫道：

我們將這個世界分門別類，
好讓心中的恐懼消退，
截然二分出錯與對，
截然二分出白與黑。

將近 15 年後，我再次火力全開，以諷刺風格為〈別去冒險〉(Play It Safe) 創作了以下歌詞：

搞清楚你所屬的團隊，然後驕傲的佩上徽章！
找個讓你舒服的框，乖乖待在那個地方！
遵守規則，穿上偽裝，隱藏真我，抹去淚光，
謹守分際，別惹麻煩，一切思考非黑即白，
安分守己，打安全牌，
知汝之位，知汝之限，
遵守教條，扣上鎖鏈，
打造自我牢籠，畫地自限！

在我無數的作品中,從〈風暴〉、〈15分鐘的羞恥〉、〈感謝上帝〉到〈陷入困境〉,以及我在英國影藝學院電影獎(BAFTA)的開場演唱、我所做的眾多 Podcast 和訪談中,都隱隱流露出一種懇切的呼籲:要帶著批判性去思考,要擁抱一個能夠自我修正的系統,要警惕同溫層和極端立場。

請追求真理,擇善固執,但也要準備好在有新資訊出現時,能開放你的知識系統。

世界的潮流變化莫測,但我用來辨明方向的認知之舵依然相當管用。我想,〈人生的9堂課〉中關於板球拍和網球場的比喻,至今依然適切。

〈人生的 9 堂課〉

　　在我比較低潮的時候,曾經受邀到一家製造與販賣會計軟體的大型公司演出,同時他們花了 1 萬 2,000 英鎊請來一位勵志演說家。

　　我心裡推測,公司應該是希望能夠鼓舞業務團隊的士氣,讓他們把業績衝高,而這位受邀講者是一位極限運動選手,曾經因為被困在某座高山的岩縫上,導致有些肢體都被凍壞了。

那場面,說實話,挺詭異的。

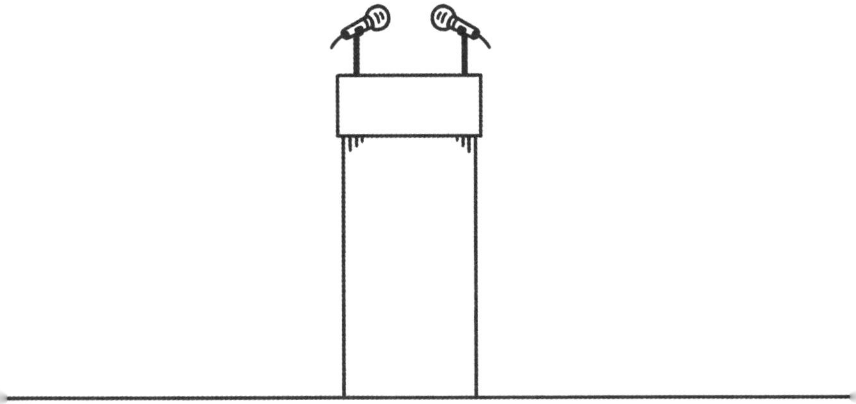

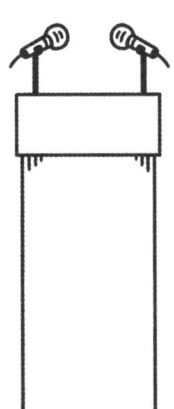

軟體公司業務員學習的對象，應該是一位在軟體銷售領域長期成功、在職業生涯中覺得開心享受的人，而不是某位過度樂觀的「前登山家」。就算那座山象徵了人生中的挑戰，而失去肢體則隱喻著犧牲⋯⋯那些小職員們反正也不可能聽懂啦，因為他們沒有讀過文學院，對吧？

　　他們實在應該來讀文學院的！文學院學位實在太讚了，它能幫助你在一片荒蕪中尋找意義。但我可以向各位保證，那裡真的一點意義也沒有，所以別再費心尋找了。

　　尋找意義就像試圖在一本食譜書裡尋找平仄合韻的對聯 —— 你不但找不到，還會不小心把舒芙蕾烤焦。

我想說的是，我不是勵志演說家，也從來沒有在山壁上失去過肢體（無論是比喻或是字面意義），而且我也不是來給你們提供職涯建議的，因為……嗯，我從來沒有真正做過社會上所認定的「正經工作」。

不過這些年來，倒是有不少人願意聽我說話，這讓我產生了一種飄飄然的自我感覺良好。今天的我是個 38 歲的「老人」，將向各位分享「人生的 9 堂課」，噢，這當然是對傳統聖誕節「9 篇經文與聖歌儀式」[2] 的一種呼應。

是說這個儀式本身也蠻奇怪的。

---

2. 譯註：「9 篇經文與聖歌儀式」是起始於 19 世紀英國的一種聖誕儀式，於聖誕夜時，教會成員按照年齡與地位誦讀 9 篇經文，唱詩班穿插吟唱 9 首聖誕頌歌。

你可能會覺得今天的演講裡有些內容對你有所啟發，有些地方則有點無聊，但我可以肯定的是，一個禮拜之後，你一定會全部忘得一乾二淨。

請注意，接下來會有很多矯情的比喻，還有一些開頭聽起來不錯、但最終根本狗屁不通的晦澀箴言。

所以請專心聽我說，不然你很快就會跟不上我的步調，到時候你就會像一個盲人在藥房裡拍手，試圖用回聲定位找到隱形眼鏡清潔液。

開始囉!

1
你不必有個夢想

You Don't Have to Have a Dream

美國人總是喜歡在選秀節目上，高談闊論自己的夢想。如果你真的有一個打從心底想要實現的夢想，那很好，去追夢吧，畢竟追逐夢想也是一種消磨時間的方式。如果這是一個遠大的夢想，你可能需要花一輩子才能完成它，等你終於達成目標、站在成就的頂端往下看，卻只會看見一片空虛的深淵——你也差不多快要死掉了，所以這一切也沒那麼重要了。

我從來沒有過什麼宏大的夢想，所以我提倡充滿熱情、全心全意地投入短期目標。在小事上充滿野心，全力以赴地做好眼前的每一件事，並以此為榮，因為你永遠不知道這些事物最終會帶領你走向何方。

　　只要記得一件事：下一個值得追求的目標可能近在眼前，這就是為什麼你應該對長期夢想保持一點警覺 —— 如果你將目光放得太遠，可能會忽略掉眼前耀眼的事物。

對吧？
不錯的建議，還帶點比喻呢！
你看看我，多會講。

2
不要刻意尋找快樂

Don't Seek Happiness

**快樂就像性高潮，
你刻意去想它，
它就不會來。**

請讓自己保持忙碌，試著幫別人獲得快樂，或許有一天你會發現，「快樂」作為這個過程中的副作用，早已悄然降臨。人類的演化，並不是為了讓我們時時刻刻都感到安逸——那些太容易滿足的南方古猿，早就在傳宗接代前被吃掉了。

3
記住 ✤ 一切都是運氣

Remember, It's All Luck

因為你夠幸運，
才能坐在這裡。

　　你能出生已經是難以計算的幸運，而能夠在一個良好的家庭中成長、接受教育並被鼓勵念大學，更是極大的幸運。但如果你出生在一個糟糕的家庭中，好吧，這很不幸，我深表同情……不過你依然是幸運的：你幸運地能夠擁有你的 DNA，因此長了一顆好用的大腦，也因此在面對糟糕的童年環境時，依然能夠做出正確的決定，最終一步步走到今天，從大學畢業。

　　你能靠自己一路撐過來，真的很了不起，但你仍然是幸運的。

　　人們常說「靠自己把自己從谷底拉起來」，聽起來很厲害，但那個讓你撐過去的部分，不是你自己創造出來的，**甚至連那條你抓著的「繩索」，都不是你的。**

我猜，我確實努力過，才有了這些也說不上多了不起的成就……但讓我能夠全心努力的那部分自我，並不是我刻意打造出來的，就像曾經只想吃漢堡、翹課耍廢的我，也不是由我創造的一樣。

　　請理解這一點：你的成就並不完全是你自己的功勞，而他人的失敗也並非都是他的個人過錯，這個認知會使你更加謙遜，並且更加富有同情心。同情心可以是天生的，也可以是透過後天思考來培養的能力。

4
記得運動!
Exercise!

抱歉囉，你們這些蒼白、孱弱、菸不離手的哲學系畢業生，老是一邊把眉毛蹙成笛卡爾曲線，一邊嘲笑那些在迷你交通錐之間穿梭跑動以便證明自己存在的體育系學生 —— 你們大錯特錯，他們才是對的。

好吧，你們可以算是對了一半，「你思故你在」……但與此同時，你慢跑，所以你晚上才能睡得好，不會被存在主義的焦慮壓得不成人形。你無法成為康德（Kant）[3]，而且你也不會想要成為康德。

記得運動，你可以做瑜伽、重訓、跑步……隨便什麼運動都好，但請照顧好你的身體，因為你會需要它。

你們大多數人可能得以活到將近 100 歲，即使是你們當中最貧窮的人，也能享受到歷史上絕大多數人類無法想像的富裕物質，而這漫長、奢華的未來人生，將會使你感到厭世！

但是，不要感到絕望！憂鬱與運動之間存在負相關性。

起身行動吧。

還有，不要抽菸，這是常識。

---

3. 編註：18世紀德國哲學家，以理性主義與批判哲學聞名，這裡用來對比活得自由、放鬆的體育系學生，暗示沒人真的想活得像康德那麼壓抑。

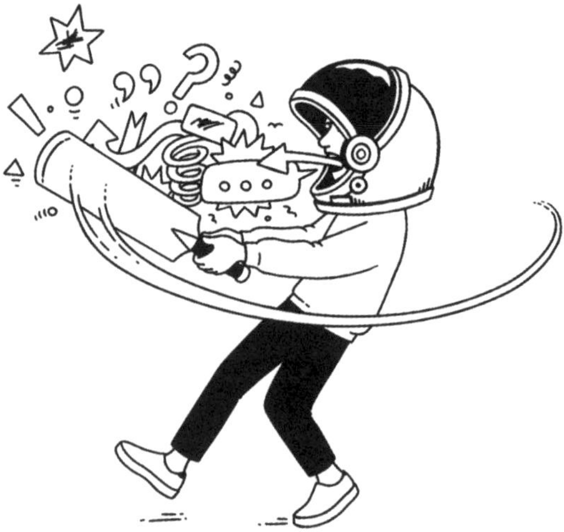

5
嚴格檢視自己的觀點

Be Hard On Your Opinions

有一句著名的玩笑話說：意見就像屁眼，每個人都有一個。這句話充滿了智慧⋯⋯但我想補充一點：意見和屁眼有一個顯著的不同，那就是你的意見應該被「經常且徹底地檢視」。

我們必須批判思考，不僅僅是針對別人的觀點進行批判，也必須以同樣的標準對待自己的觀點。嚴格地檢視你相信的事物，把它們拖出屋外、放在陽光下檢查，並用板球拍狠狠敲打。要在智識上嚴謹地要求自己，辨識自己的偏見、歧視和特權。

社會上大多數的爭論之所以持續存在，是因為我們未能正視事物的複雜性。人們傾向於製造虛假的二元對立，嘗試用兩套完全不同的假設去爭論一個觀點 —— 這就像兩個網球選手站在不同的球場上，不斷試圖向不存在的對手打出好球以贏得比賽。

順帶一提，既然我眼前坐著科學和人文藝術的畢業生：請不要認為藝術和科學彼此對立。這是一個近年才出現、愚蠢且有害的錯誤觀點，你不需要否定科學才能創作出美麗的藝術品或寫出動人的文字。

如果你需要證據的話：馬克·吐溫（Mark Twain）、寇特·馮內果（Kurt Vonnegut）、伊恩·麥克尤恩（Ian McEwan）、卡爾·薩根（Carl Sagan）、莎士比亞、狄更斯……不勝枚舉。你不需要迷信才能成為詩人，不需要討厭基因改造技術才能關注地球之美，也不需要宣稱靈魂存在才能提倡同情心。

科學既不是一個知識體系，也不是一種信仰體系，它只是一個術語，描述人類透過觀察，逐步理解事物的過程。

科學超讚。

藝術與科學需要攜手合作，以便改進知識傳播的方式。至今仍有許多人認為「人類造成氣候變遷」的科學研究是有爭議的，而這本身就是我們溝通失敗的有力證據（事實上，此刻房間裡有3成的人剛剛皺了一下眉頭，這更進一步證明了我的觀點，而這種不爽的來源與其說是科學，不如說是政治，唉，這更令人感到絕望了）。

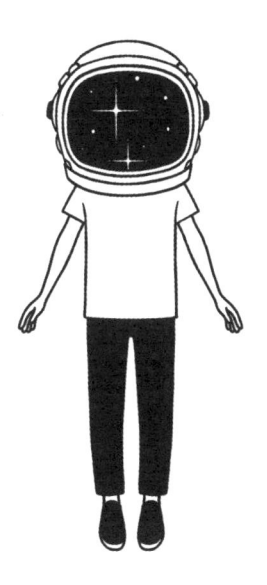

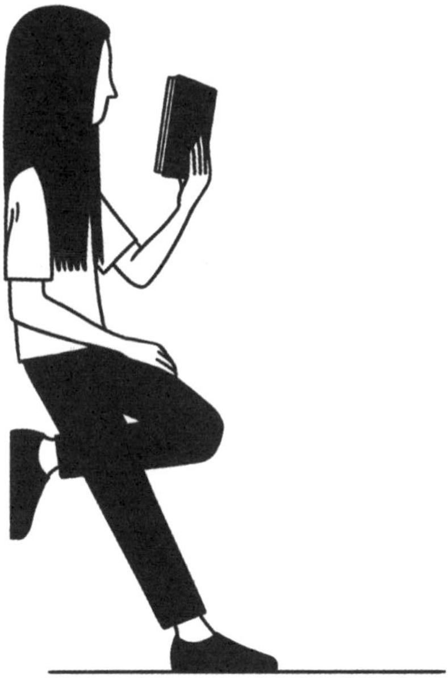

6
當一位老師

Be a Teacher

拜託，拜託，請你千萬要成為一位老師。老師是世界上最值得敬佩、也是最重要的一群人。

　　你不必花一輩子教書，但如果你正在為自己當下的人生方向感到猶豫，你可以嘗試去成為一位超棒的老師。如果你今年 20 歲出頭，可以試著做幾年小學老師。

尤其是男同學們，我們很需要男性小學老師。

就算你的職業不是老師，你依然可以嘗試當個老師，向人們分享你的想法。

不要覺得你曾經受到的教育是天上掉下來的禮物，請樂於學習，並將你學到的事物傳播出去。

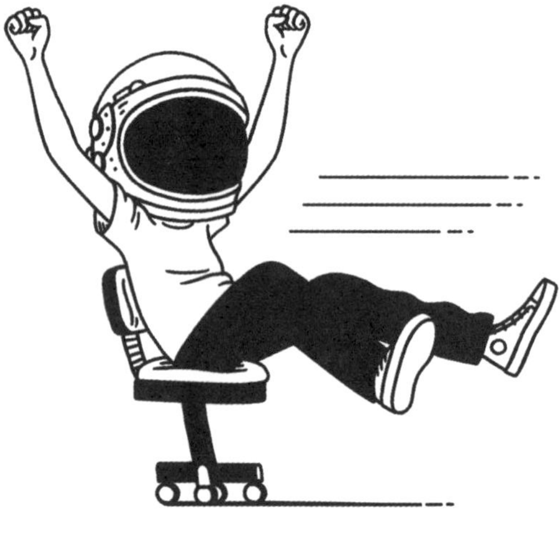

7
用你熱愛的事物來定義你是誰

Define Yourself
By What You Love

我發現自己最近有種傾向：如果有人問我喜歡什麼音樂，我會回答：「嗯，我不太聽廣播，因為我討厭流行歌的歌詞。」如果有人問我喜歡什麼食物，我會回答：「我認為松露油在料理中被過度使用，而且有種輕微的臭味。」我在網路上也常看到這種現象——人們以討厭某種東西為由形成次文化認同，這個討厭的東西可以是酷玩樂團（Coldplay）、足球、女權主義或自由黨。

　　我們很容易透過「不喜歡什麼」來界定自己是誰；而我，身為一個喜劇演員，靠吐槽別人過日子，但我還是要鼓勵各位對自己所愛的事物表達熱情。請對你所欽佩的人公開且慷慨地進行讚美，你可以寄送感謝卡或者在表演結束後起立鼓掌。

請愛你所愛，

而非只是惡你所惡。

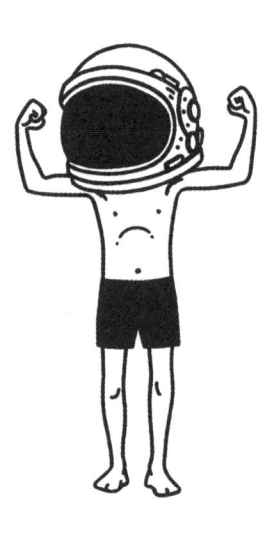

8
尊重權勢不如你的人

Respect People With Less Power Than You

過去我在選擇工作夥伴（經紀人和製片人）時，會根據對方對待餐廳服務生的態度，做出重要決定。我不在乎你是否是房間裡最大咖的人，我會根據你對待最小咖的態度來評判你。

就是這樣。

59

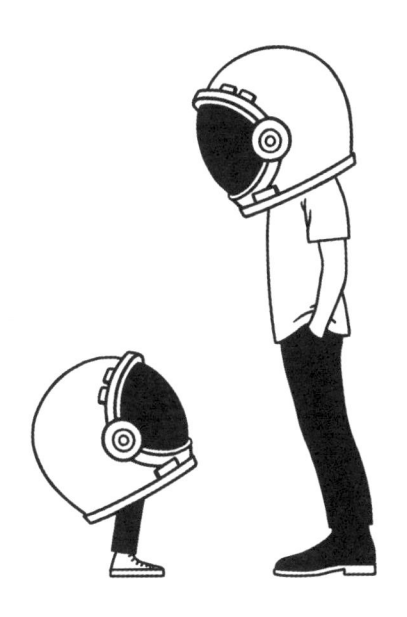

9
别急

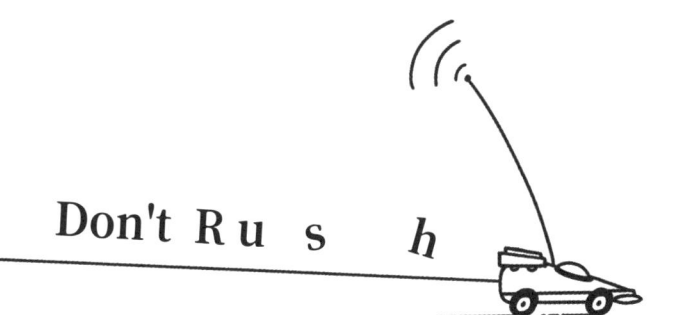

Don't Rush

你不需要早早知道自己的餘生要拿來做什麼，我並不是說你可以整天無所事事、醉生夢死，但也不要焦急慌張。

大多數我所認識在 20 歲時就確定了自己職涯道路的人

在都面臨著**中年危機**。

我在前面這些嘮叨的一開始就跟你們說過，生命毫無意義，那可不是隨口亂講的。我覺得去追尋「意義」這件事本身就很荒謬，我們所處的這個世界，不過是經歷了 138 億年的偶發事件後，碰巧形成的結果，只有人類才會認為宇宙是有目的性的創造出人類！然而，我並非虛無主義者，我甚至不是一個憤世嫉俗者。其實，我比較像是一個浪漫主義者，而這是我對浪漫的看法：

你
很快
就會死了。

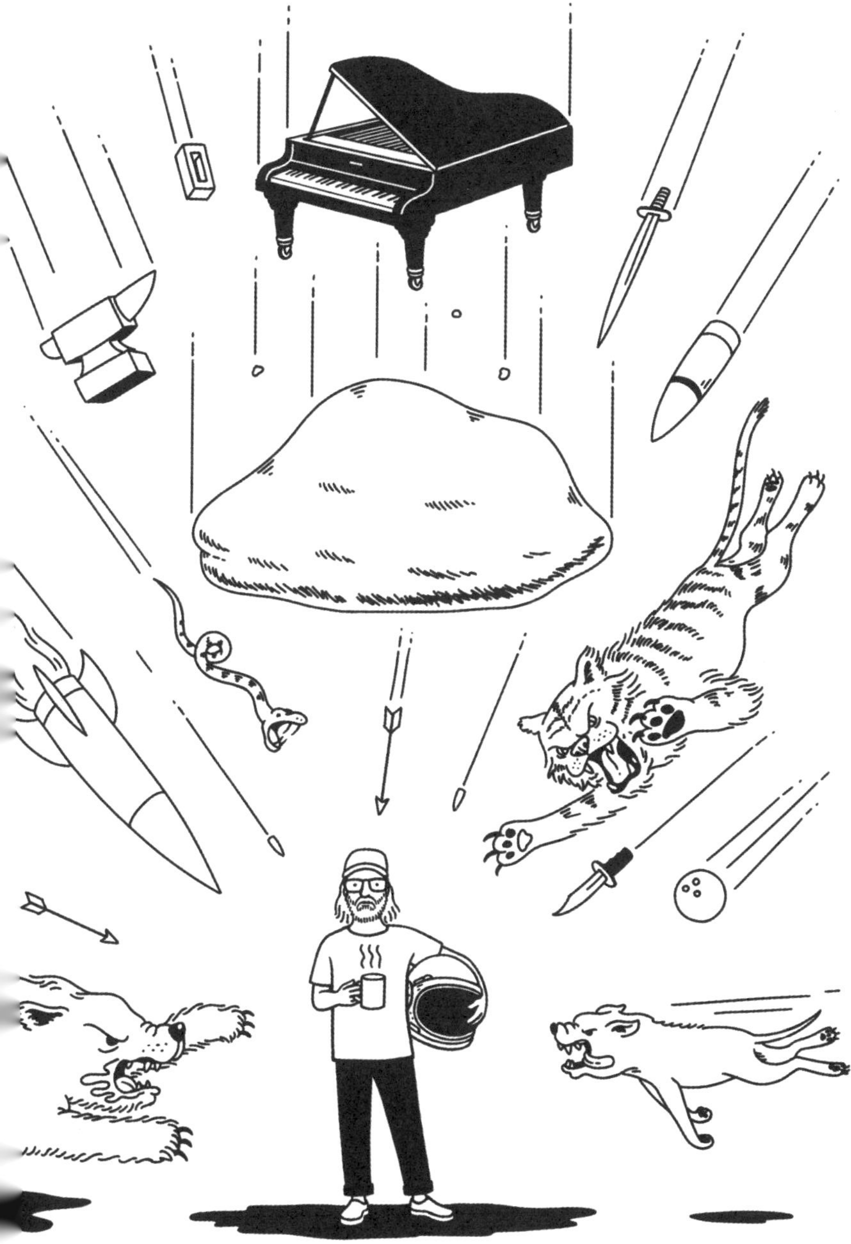

人生有時會顯得漫長而艱難,天哪,活著累死了。而你會時而快樂,時而悲傷,然後你就會老了。然後你就死了。面對這個空虛的存在,你只有一項明智的選擇:填滿它(不是填飽肚子,而是填滿人生)。

在我的觀點中(直到我改變想法為止),充實生命最好的方式是盡可能地學習、為自己所做的一切感到自豪、富有同情心、與他人分享想法、出門跑步!

還有,保持熱情。

當然，除此之外還有：

**愛，
旅行，
酒，
性，
藝術，
孩子，
奉獻，
以及爬山……**

但這些你都早已知曉。

這段
毫無意義的
人生，
說穿了，
其實精彩得
不得了。

祝你好運

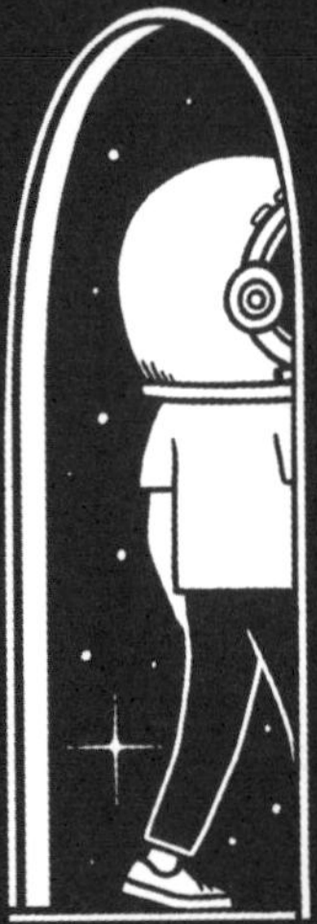

我的訣竅

西澳大利亞表演藝術學院,2019 年

前言

我 21 歲的時候，已經為青少年和大學生的劇場活動創作了 5、6 部配樂，也製作了幾部短片和紀錄片的原聲帶，還為我參與的各個樂團創作了無數歌曲……我決定該是時候來學學怎麼看譜了！

於是 1996 年，在忙於寫歌、參加業餘戲劇演出以及在酒吧和咖啡館打工之餘，我爭取到了西澳大利亞表演藝術學院（Western Australian Academy of Performing Arts）新設立商業音樂學程的面試機會。我當時因為記錯了面試時間而遲到，並對自己的愚蠢感到非常火大，但我還是捏著冒汗的手，盡力演奏了一段 12 小節的爵士藍調，還有一首滿是炫技、如今早已消失於時光中的原創樂曲。結果他們居然錄取了我。

事實證明，我畢業時依然不會看譜（我根本無可救藥），但我倒是學會了不少關於和聲的事——不僅是樂音上的，還有人生上的和諧，而在此之後，

我又花了許多年的時光,才搞懂要怎麼把這兩者學以致用。

2019 年,西澳表演藝術學院邀請我參加一場在斯皮格爾帳篷(Spiegeltent)內舉行的儀式。這頂帳篷當時設在西澳表演藝術學院校園內,由美麗的木質結構撐起,表面鋪設帆布,內部是裝飾了鏡子的歌舞廳。在我早年喜劇演員的生涯中,曾在許多不同的斯皮格爾帳篷裡演出,因此這個場地對我而言充滿了懷舊感,但同時也讓我感到頭皮發麻:斯皮格爾(Spiegel)在德語中意思是「鏡子」,而在發表演講時被無數自己的大頭盯著看,實在是令人暈頭轉向。

這場儀式以一場極具感染力的努加族(Nyoongar)[4]傳統歡迎典禮開場,之後還有一些精彩的學生

---
4. 譯註:努加族是西澳大利亞原住民族群,傳統上以打獵維生。

表演,我在上台演講前已經兩次感動落淚。

回到這裡演講 —— 這個曾經的起點,有點讓人傷痛。

〈我的訣竅〉這場演講的主題是堅韌、真誠和善良,而現在回頭看,我當時對這三者之間的關係表達得似乎不夠清楚,也許是因為當時我自己也還沒完全理出它們之間的連結。

我 14 歲的兒子這兩天正在參加露營活動,這是一場為期 9 天的山地冒險,他們預計用塑膠布搭帳篷,但天氣預報卻顯示會下大雨。在他出發之前,我提醒他:在順境中表現出無私和友善很簡單;但在逆境中的善良才是最有價值的(比如說,當大雨淋濕睡袋的時候)。

如果要把這三角關係兜成一個圓(雖然這麼說有點老派,像極了吉卜林[5]的調調):如果你能在堅韌受到考驗時,依然保持善良,那麼你就是真誠的,孩子。

---

5. 編註:吉卜林(Rudyard Kipling)是英國作家,其作品帶有說教、訓誡、充滿道德勸世意味風格。

當藝術家,是一種喜悅,也是一種特權™ [6],但由於創作與自我之間密不可分的連結,這份職業也容易讓人受到打擊。在撰寫西澳表演藝術學院這份演講稿的 18 個月之前,我失去了一部花費 4 年時間創作、我最好的作品之一 —— 當時洛杉磯一家新電影工作室的老闆,決定砍掉我正在協助編劇和導演的動畫音樂電影(為了製作這部電影,我整個家庭再度搬到了地球的另一端)。

在商業藝術的頂層圈子裡,當一部影片的製作預算高達數千萬美元時,事情就容易變得非常殘酷,這是可以預見和理解的,但我真心相信,即使是在大規模的商業藝術製作中,人們依然可以保持善意。

2017 年離開好萊塢後,我們搬回了澳大利亞,我全心投入共同編寫一部名為《顛覆之旅》(Upright)的電視劇。在這部劇第 1 季剪輯的期間,我受邀在西澳表演藝術學院發表演講,正如你將讀到的,這是我對「真誠」的想法:

---

6. 編註:此處的™為幽默用法,模仿商標符號。

> 人生中所有的傷痕、失敗和勝利,都會融入我們的表達方式。我們將所有的經歷、所有的時間、對自我的厭惡與熱愛,全部注入到自己創作的藝術之中。或者說,我們應該努力這樣做。

我剛才提到,「人生的傷痕和失敗,其實就是構成我們的一部分」,這個想法,我也融入了《顛覆之旅》這部電視劇裡。那時我剛從好萊塢回來,身心俱疲、遍體鱗傷,但與其去接受心理治療,我選擇把這份經驗化成我新作品的養分。在本劇最後一集中,我飾演的角色洛奇把一架老式直立鋼琴送給年輕的比利,並對比利說:

> 我知道這架鋼琴看起來不怎麼樣,但相信我,它的音色依舊很棒。它有自己獨特的音質,而那些凹傷與刮痕,都是造就它獨特音質的原因,你能理解嗎?……還有,(當你演奏時)你可以犯錯,永遠不要擔心這一點,因為在犯錯過程中,有時候反而會意外地創造出一些美麗的事物,

不過只是「有時候」而已。

這裡又有一層自我參照的敘事 —— 洛奇在沙漠中唱的那首（觀眾最終會意識到，這首歌是為比利而創作的）名為《帶著你前行》（Carry You）的歌，再次闡述了人生的不完美：

> 你的眼中映照著我所有的愛戀與所有的謊言，
> 映照著我所有的承諾與所有的驕傲，
> 我所有的不安與所有的抗爭，
> 映照著我所有的絕望與所有的否定。
> 所以，儘管我們無法如影隨形，
> 但我知道，不論我走到哪裡，
> 我都會帶著你前行。

每個人都攜帶著自己的包袱。但如果我們足夠聰明，並有幸成為藝術家，就能將這些包袱轉化為養分，也許能因此種植出美麗的成果。

※

〈我的訣竅〉

　　這個禮拜我住在賭場飯店裡，這並不符合我平常的風格，但我表演的劇院就在同一棟大樓，而且如果我住在爸媽家，每天早上 6 點半就會被燒開水的聲音吵醒，我可一點都不想要早起。

　　無論如何，大概是因為我的巡迴演出吸引了不少觀眾，飯店經理決定將我的房間升等，我因此住進了豪華頂樓套房，房間跟我家差不多大，裝潢得像義大利家具展覽廳。房裡的沙發多到離譜，我明明是一個人住，但我數了一下，房間可以輕鬆坐進 90 個人。我不知道它原本設計的意圖到底是什麼，它的存在，似乎就是讓自戀狂覺得自己是個傳奇人物，川普肯定會愛死這裡。

　　第一次走進這樣的房間時，你一定會感到特別興奮，但住久了之後，這個地方真的讓人覺得反胃，甚至會讓人覺得沮喪。如果你的人生目標是成為搖滾明星或知名演員，這件事值得提前知道：「人在巔峰找到的不僅是孤獨，還擺滿了沒必要的椅子。」把這句話印在冰箱磁鐵上吧。

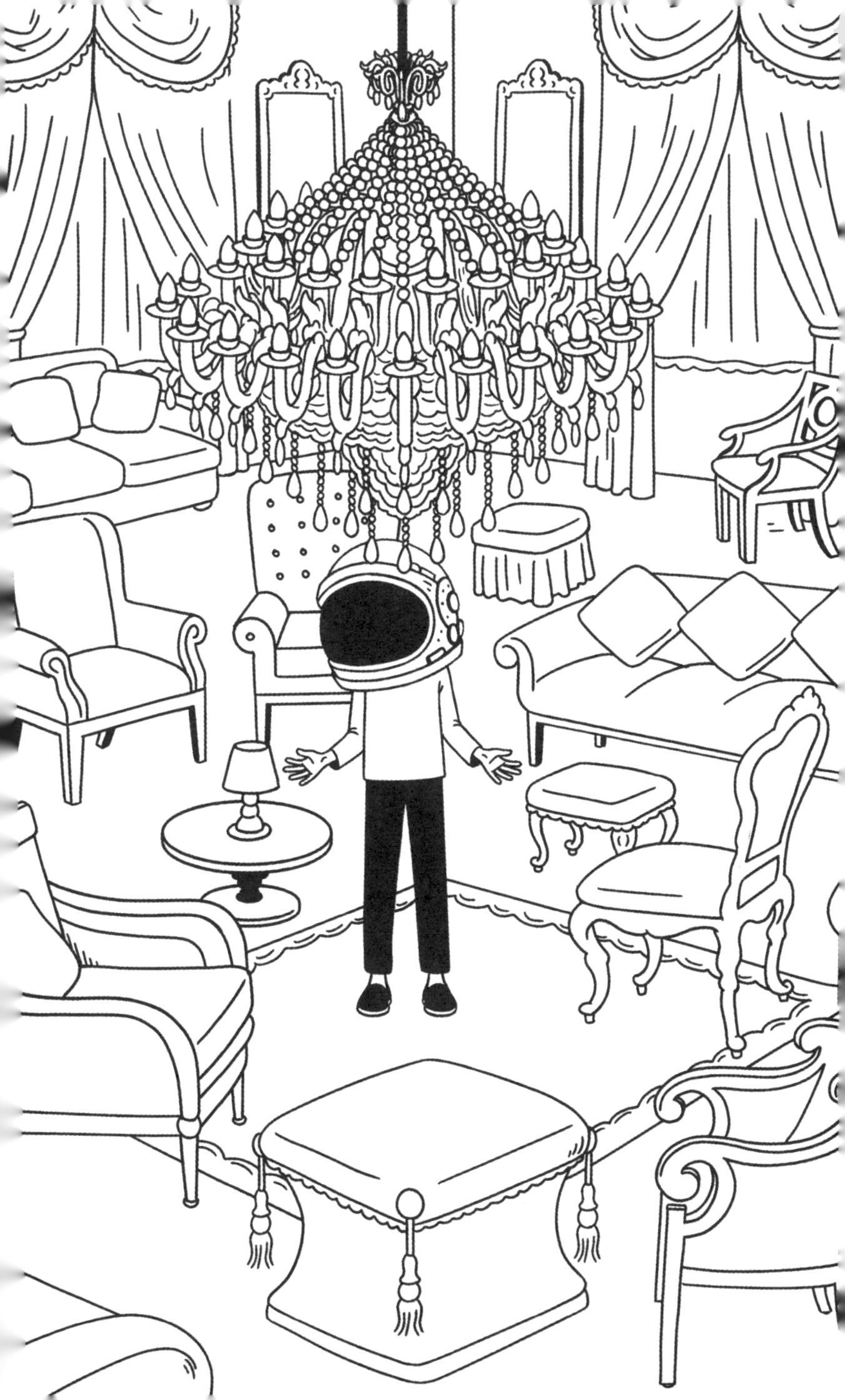

說實話，我在西澳表演藝術學院的這段時間過得相當艱難。

成為一名藝術家需要極大的信念，而身處像西澳表演藝術學院這樣的地方，則對信念是一場巨大的考驗。當然，我現在可以明白，那 2 年我在這裡度過自己極度否定的日子，其實是在為隨後更糟的 8 年做準備。

當我看到葛拉漢‧伍德（Graham Wood）彈鋼琴時，我直接想放棄，甚至想把自己的手指切下來，拿去餵天鵝，但這段經驗教會了我⋯⋯嗯，大概就是「別這麼做」吧。

這是我至今仍在努力學習的一課：

**無論在哪個領域，
將自己與他人比較，
都是會害死你的毒藥。**

日子在這裡之所以很艱難，還有一個原因是，我在表演課程交到了幾個很要好的朋友，他們成天穿著黑色緊身褲，在校園裡打打鬧鬧、與人上床，滿身汗水卻看起來帥氣極了，而我則和同年級另一個鋼琴生在校園裡四處遊蕩，他是一個好人，但極度悲觀，每天都在提醒我，我們這輩子大概都只能窮困潦倒。

再加上，就跟你們一樣，我也得煮咖啡、倒啤酒，靠打工來付房租。但最主要的困境是，在我入學之前，音樂對我來說都只是「好玩」的東西。

音樂曾經只是我在派對上用來吸引女孩的手段，或者是我在壓力大、感到悲傷時紓解的方法。

那是我逃避現實的方式。我可以（現在仍然可以）一邊彈琴一邊睡著，幾秒後醒過來，還納悶自己的手指怎麼彈到那裡去了。但來到西澳表演藝術學院後，一切突然變了味。我得開始練琴了——我在這裡的第一年，是我人生唯一真正有在「練琴」的時光，羅素・霍姆斯（Russell Holmes）可以作證，我在學校的第二年根本沒有練過任何一丁點鋼琴。開學幾週之後，我們兩個都清楚地意識到，我們更喜歡溜出去閒晃聊天！

但我非常感激我在這裡度過的 2 年，這張文憑所帶給我的價值彌足珍貴。

許多老師教的東西，我當時無法理解，但潛意識裡我還是把那些資訊存放在大腦的某個角落，等到以後有更多時間、性子也不再那麼固執時，再拿出來好好檢視。

　　我在這裡學會了音樂工具，也學到了表演技巧；我學到了一個和弦型態，它同時可以視為屬十三和弦、小六九和弦，也是屬七升五升九和弦，和大七升十一和弦。這是一個極為多功能的和弦結構，我認為它是世界上最棒的和弦形狀，《瑪蒂達》這首作品就是建立在這個和弦型態上。

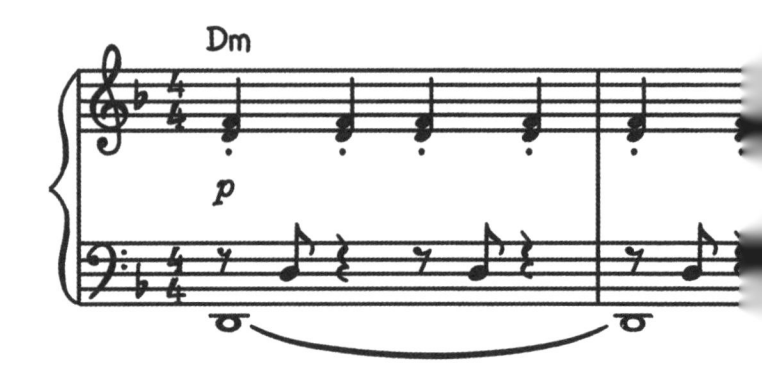

我從來沒有學會看譜，我也不知道那到底該怪誰，我想要對各位學弟妹說：我知道有些處境真的很難熬，但撐下去。你不會馬上知道自己究竟學到了什麼，可能要好幾年後才會明白。

**只要傾聽，保持謙遜，
並維持自己的韌性。**

嗯,如果這是場畢業典禮,我在這裡的角色應該是提供畢業生職涯建議。雖然這不是,但我還是會試著給你們一些建議,畢竟我現在年紀也不小了,而像我這樣的白人大叔,本來就該在沒人要求的情況下到處給建議。

我現在要來 mansplain[7] 一下藝術。老實說,很多人曾向我請教職涯建議,這讓我有點意外。年輕的音樂人、演員,還有那些舞台小童星的父母,會跑來問我:

「要怎樣才能有你這樣的職業生涯?」

我可以理解他們為什麼這樣問。我清楚地記得,我在青少年時期和 20 多歲時都曾經思考過:

「到底有什麼訣竅?一定有某種訣竅吧!。」

但每當人們這樣問我時,我還是會愣一下,因為我的職業生涯完全是一系列荒誕的巧合。

---

7. 編註:mansplain 為男性(man)與解釋(explain)的合成字,指男性帶有自以為是、居高臨下的語氣,對女性或他人解釋他們早就知道的事,常見於性別文化批評語境。

我的意思是，我只是剛好運氣不錯。我說的不是「不小心在公車上誤拿了別人的雨傘，結果那個人竟然是唱片公司高層的老公」那種好運。不是哪一個特別的幸運時刻，也不是一連串幸運事件，我的意思是 —— 這一切是個意外，只是剛好我這組奇怪的性格與技能組合，湊巧做出了一些作品，並且幸運地剛好在某個特定的時間和地點，碰巧有人願意看。

我的建議其實就這麼短也這麼長了：

沒有什麼訣竅，
你不可能擁有像我這樣的職業生涯，
因為那是我的。
你必須擁有屬於你自己的職業生涯。

為了進一步解釋上面這句老生常談，我會告訴你 3 件事 —— 如果你真的想在音樂劇、舞蹈或電影領域發展，這 3 件是很重要的事情。它們都是老掉牙的陳腔濫調，但或許還是值得拿出來重申一下。

首先,**你必須變強,變得真的很強**。這沒有捷徑、沒有商業技巧,再會包裝、再漂亮的名片都沒用。那些東西說真的,一點意義也沒有。

你唯一需要做的,就是在你從事的領域中表現得非常非常出色 —— 最好,是最厲害的那個。而要做到這點,需要投入大量的時間和努力,當你的朋友在嗑藥、抽大麻,當其他人出門去度假,你只能繼續練。你沒有所謂的「工作與生活平衡」,你得有點走火入魔。幸運的話,你剛好熱愛這件事,那就不會太痛苦。

如果這不是
　你的熱情所在，
　　那就趁早放棄。

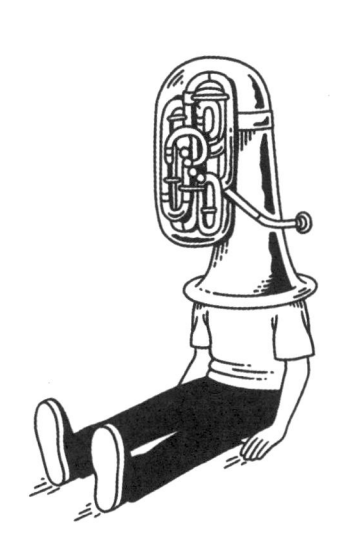

不要把藝術當成工作。

世界上有很多比當音樂人或演員更重要的工作，或者至少同樣重要。你大可找一份普通的工作，然後把音樂當作興趣。但如果你決定將音樂當作職業，那麼你就必須把所有的時間、精力和金錢都投入其中，嘗試變得更強。抱歉囉，事情就是這樣。

不過這項建議有一個小小的漏洞，那就是「你從事的領域」的定義是由你自己決定的。我可以很有自信地說：我絕對是全世界最會做我這件事的人，因為這個領域根本沒人和我競爭。

我最擅長的事，就是做一個對科學著迷、超級喜歡押韻、善於辯論的鋼琴家、歌手、諷刺作家兼傻蛋。

我在這個領域真的真的很強。我是提姆‧明欽國的國王（王國人口只有一個阿呆）。所以，對你所定義的領域要變得非常非常厲害，而要定義出自己的領域，也需要花費無數的時間和努力。很遺憾，這也沒捷徑。

而定義自己與我的第二項建議有關：

你必須保持真誠。

演員們，你們可能確實長得像克里斯多福・漢斯沃（Christopher Hemsworth），也真心喜歡上健身房，但作為一個曾經報名試鏡、也曾經以製作方參與選角的過來人，我可以保證，觀眾真正想看的，還是那個真實的你。我們想看到的是你如何詮釋角色、如何將自己帶入角色。

我的職涯在近 30 歲時開始走上坡，因為我終於停止試圖成為「我認為別人想看到」的那個樣子。我當時拚命找經紀人、拍各種定裝照、剪奇形怪狀的髮型，甚至把名字改成提摩西[8]，並隱隱期待這些做法能改變些什麼。

---

8. 譯註：「提摩西 Timothy」是作者本名「提姆 Tim」較傳統、較正式的形式。在英語系國家中，有些社會階層會以擁有傳統的名字作為身分和教育程度的象徵。

我曾經試圖刪除歌曲中搞笑的部分,並希望能藉此爭取到唱片合約;我曾經把自己分割得四分五裂,因為我以為找到了對我來說可行的市場;我試圖讓自己成為一種「可以被消費的產品」。

而後我決定將自己的一切毫無保留地放到舞台上,穿上自己想穿的衣服、說出自己想說的話;我決定舉辦一場表演,朗讀奇怪的詩作、上台獨白、隨興地彈奏爵士、流行和搖滾。**當我決定真誠地展現自我時,我的生命發生了改變。**

我顯然是一個特殊的例子,因為我一直非常喜歡嘗試各種不同的事情,但這個建議對各位仍然適用。無論你在職業生涯中想成為倫敦西區的影視歌三棲明星、電影演員或是錄音室打擊樂手,千萬不要妄自菲薄,以為你這個小人物,沒什麼好讓世界感興趣的。

你有著獨一無二的生命經驗，建構了獨一無二的觀點，浸淫在獨一無二的歌曲、藝術和知識的組合中。你絕對擁有某樣別人沒有的東西，而找出那是什麼，就是你通往美好職涯的關鍵。你所追求的職業生涯可能會讓你一輩子都在貧困中度過，或者你也可能成為一位巨星，但這都不重要，因為你不會一直在扮演一個不真實的自己。

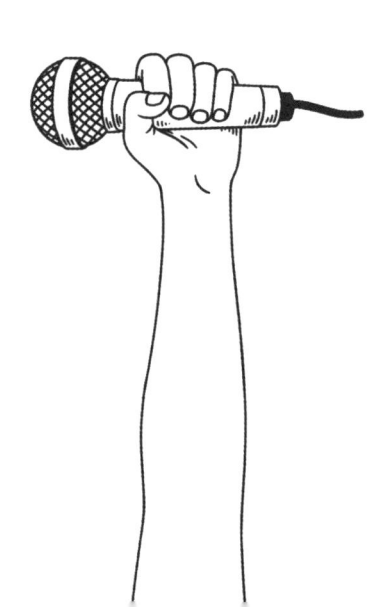

我的第三項建議是：

要善良。

對每個人都善良，且始終如此。好吧，你其實不必對上位者善良，因為有一些層級比你高的人很可能是混蛋，例如導演、製片人、片廠老闆、經紀公司負責挖掘藝人搞製作的工作人員——而你完全可以叫這些人去吃屎。但從基本原則來說，你應該始終保持善良。這件事聽起來很理所當然，但令人驚訝的是，很多人並沒有理解它的重要性。

對負責監控螢幕的工作人員要善良、對吊鋼絲的技術人員好一點，對劇場引導、周邊商品銷售人員、燈光師、化妝師都要善良。還有，不論發生什麼事，請善待和你同台演出的每一個人。

即使你的耳機不斷傳來爆音；即使你的片場休息車空調壞了，你冷得發抖；即使你承受著巨大的壓力，睡眠不足，白天打工晚上演出，還有一篇該寫的演講稿沒有寫，餓著肚子，只想在那間像家具展間一樣的飯店房間裡，叫一客水波蛋跟一杯馥芮白咖啡，結果卻忘了把門上「請勿打擾」的牌子拿下來，所以等了 1 個小時服務生都沒有來送餐，然後當他終於送餐過來時，不小心把你的馥芮白灑到你的水波蛋上──即使這樣，也請你保持善良。

如果拿不準該怎麼做，那就更善良一點。不只會讓你的生活好過些，這其實也是非常實用的職涯建議。

我在這次巡迴演出中合作的音樂家，都是國內最優秀的演奏者，但這只是我們選擇與這些人共事的原因之一。最重要的是，他們都是非常、非常好的人。

所以，
請
做個
善良的人。

如果你不善良，最終會自食其果。

（是的，確實有些混蛋可以功成名就——我曾與其中某些最出名的混蛋共事過，但誰想成為這種混蛋呢？噁心透頂。）

你看⋯⋯對我來說，
　音樂並不是什麼魔法。

　　成為一位音樂家並不是件浪漫的事。寫歌是一門技藝，就像烹飪、外科手術、繪畫、做愛或倒立一樣，必須一遍又一遍地做，才能變得更好。我們能不能創作出真正打動人的作品，則與我們的生活經歷密切相關 —— 我又繞回「做自己」這件事了。

　　我們會把所有經歷、所有熬過的時光，以及所有對自己的厭惡與喜愛，都投入到我們的創作裡。

　　至少，我們應該努力這麼做。

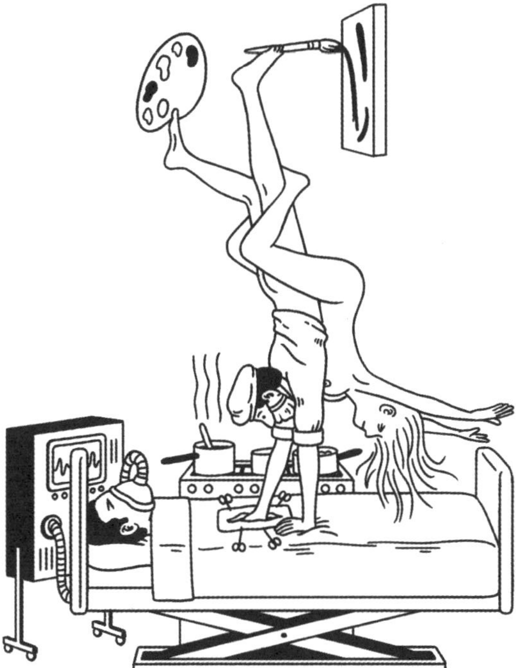

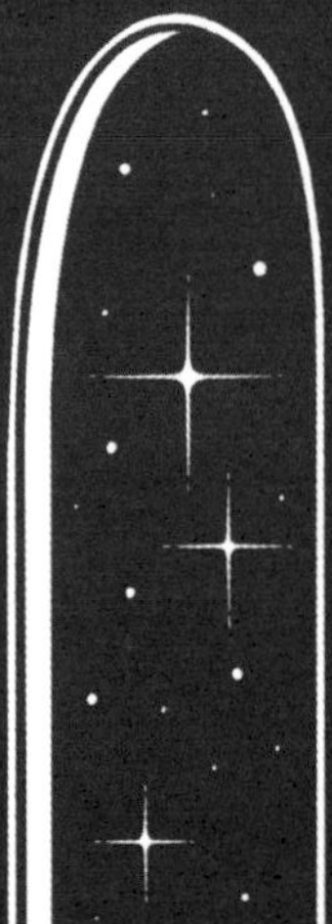

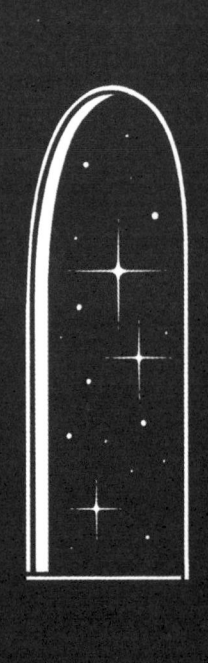

你一直都想成為演員

倫敦蒙特維戲劇藝術學院,2015 年

前言

2011年，《瑪蒂達》(Matilda the Musical) 音樂劇在倫敦西區的劍橋劇院 (Cambridge Theatre) 首演，自此之後這部戲就成為該劇場的固定劇目。

2015年，蒙特維戲劇藝術學院 (Mountview Academy of Theatre Arts) 授予這部劇的編劇榮譽博士學位，而作為禮尚往來，丹尼斯·凱利 (Dennis Kelly) 和我則在該學院的畢業典禮上致詞。

典禮就設在劍橋劇院由羅布·霍威爾 (Rob Howell) 設計的《瑪蒂達》舞台，場面絕美震撼（這也是為什麼我致詞的詩句裡有一段提到「兩個小丑站在他們『共同且偶然』的舞台上作秀」）。

我在撰寫這篇講稿時，還居住在洛杉磯，也在洛杉磯工作，你可以從字裡行間感受到我對「成名」這件事越來越不自在。與許多人不同，我當時搬到

好萊塢其實是為了逃避各種名聲，我的本意並不是為了尋找更多的機會。

那時莎拉和我的孩子年紀還小，我們一致認為，如果我老是在街上被人認出來，對孩子的成長並不好，也對我的心理狀況沒有幫助。所以我暫時放棄了大型巡迴演出、避免上電視，並離開了我們心愛的倫敦，去美國參與一部卡通片的劇本與導演工作。

這個專案最終結果以失敗收場，加上我對那些被過度浪漫化的人生敘事天生的反感，這大概也可以解釋，為什麼我在這段時間裡，顯得尖酸刻薄而憤世嫉俗。

我在離開洛杉磯的幾週前寫了〈離開洛杉磯〉這首歌，歌詞中將好萊塢地標形容成「山丘上一排他媽的字母」，還帶著冷冷的嘲諷口吻，讚美它「堂皇無比」的 2 種尺寸──地理上的巨大與好萊塢象

徵上的巨大。

是不是有點太苦了啊,明欽!

事後回頭來看,對於 2015 年那些充滿夢想的蒙特維戲劇藝術學院畢業生來說,我把演員生涯的成功描繪得如此反烏托邦,可能有點過於刻薄,我希望這篇演講並沒有打擊到任何人的志向。我想,我當時是在試圖為他們職涯中不可避免要面對的失敗,鋪墊一些緩衝。我事後才體悟到,最好不要矯枉過正,年輕人眼中閃耀著星星,這樣的景象其實比你想的還要珍貴。

話雖如此,我依然是一個根深蒂固的「反浪漫式浪漫主義者」。

我相信,當人們能夠同時看到世界的光輝與陰影時,世界會更美麗。也或許我更想說的是:我認為「真實」至關重要;我也相信,只要我們如實看待人生經驗,其中會蘊藏著許多深度、美好和意義,等待被發現、挖掘和創造。

作為一個後現代主義的好學生,我認為文化的本質是敘事:我們就是由我們選擇訴說的故事所構成的。

然而作為一個愛好科學的好學生，我也認為，我們不需要讓這些敘事從現實中剝離，我不認為那些鼓勵人們自欺欺人的故事，從長遠來看能對人類群體有什麼助益。我的無神論觀點（以及我的寫作風格）在根本上有一種自然的傾向：與其吞下美麗的謊言，我寧可把醜陋的真相說得好看一點。

〈一起化塵〉（Apart Together）是一首關於看著你最愛的人逐漸衰老的美麗歌曲；而前一篇所提到的《顛覆之旅》談的是擁抱傷痕；在垮掉詩[9]〈風暴〉（Storm）中，主角在結尾處說道：

> 這樣不夠嗎？這個世界還不夠嗎？
> 這個美麗、複雜、令人驚嘆又深不可測的
> 自然世界，
> 它怎麼會這麼難以抓住我們的目光，
> 以至於我們必須建立廉價、人為的神話和
> 怪物，將其貶低？

---

9. 譯註：垮掉詩（Beat poetry）是美國 1940～1950 年代興起的文學流派，採用自由詩體，帶有超現實主義風格，並受到爵士樂韻律的影響，同時也受禪宗和美洲原住民靈性思想的啟發。

這一點也得到了電影《今天暫時停止》（Groundhog Day）中主角菲爾·康納斯（Phil Connors）的呼應，他在時間循環中追尋智慧，最終到了這樣無比簡單、卻也無比超然的結論：

我在這裡。
我一切都好。

在〈你一直都想成為演員〉這篇講稿中，雖然不時出現尖銳的諷刺，但它其實在讚頌那些遠離巨星名流、浮華、典禮紅毯和星光大道手印等主流敘事而創造出美麗故事的人。

這篇演講的結尾，對我來說是一個極具象徵意義的重要觀點，是我在不知道該說什麼、要創作什麼或是提倡什麼時，一直會在我腦海中浮現的想法，也是當我在撰寫這篇引言時，不得不重複提醒自己的事：

作為藝術家，
我們的工作是帶給世界有價值的思想。
聽起來很簡單，對吧？

但如今人類擁有了幾乎可以在一瞬間將思想傳遞到全世界的工具，我們可以在情感浮現的當下，就將自己所思所想發布到網路上。這些情感表達可以算是藝術嗎？還是一部微小說？一首微型自由詩？我們該如此看待這些內容？

「推文」和「藝術」之間是否有根本的區別？反正我是個老派的小丑，為了好玩，也許我可以提出一項社交媒體時代關於藝術的謙遜定義：只要你努力投入了一些思想表達，就可以算作藝術。

網路推文，內容通常來自我們大腦中那個快速思考、充滿偏見、腎上腺素飆升、不夠有同理心的部分；而藝術創作則來自那個慢速思考、深思熟慮、創意十足、能夠讓人變得更有人味的大腦。

所以，如果我將這本書的出版當作一個機會，當作一個額外補充人生建言的機會，那麼我想補充的內容大致如下：

> 一個有價值的想法，往往是經過深思熟慮的結果。我們並不會因為感受足夠強烈，就自動轉化為道德價值。花點時間磨礪自己的觀點，然後，也要花時間，

把它們說得漂亮。

這就是我們創作故事、歌曲、戲劇、電影和畫作的原因；也是為什麼我們反覆練習，去面對、去挑戰、去勾引聽眾的心。這就是我們竭盡全力讓人們發笑、思考和流淚的原因。

這就是藝術存在的目的。

*

〈你一直都想成為演員〉

(作者註:這首詩太長了,但就像我大部分的人生經歷一樣,
它以內部音韻彌補了簡潔度的不足。)

你一直都想成為演員,
和朋友們互訴心願:

我想演戲,因為我認為講故事,
　是文化的泉源。
　　或者:
　　　我想演戲,
　　　　是為了映照社會的深淵。

這些說法當然都有點道理,
但讓我們直白一點:你想演戲,
是因為演戲真的很好玩,
是因為你喜歡聽到掌聲與鼓勵。

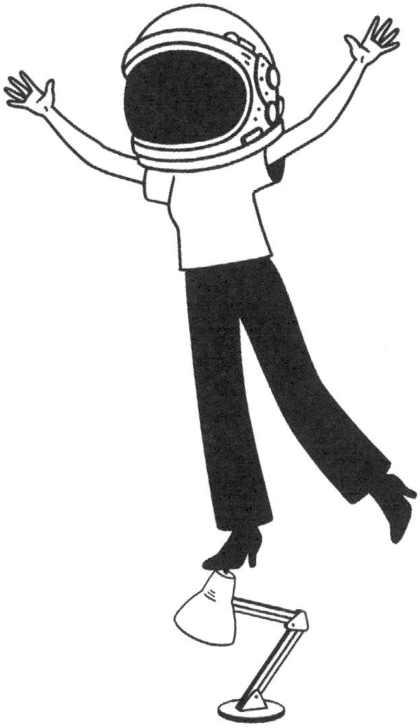

然後你進入某種什麼什麼的狀態，
接著被史坦尼斯拉夫斯基（Stanislavski）搞得腦袋打結，
再被馬梅特（Mamet）調整回來，
或是順序剛好反過來。

你學會**像蜥蜴一樣**，

在舞台上橫衝直撞地爬行，

學會像烏鴉一樣啼叫，

並學會放開自己，

高歌、低吟、一秒搞定哭戲；

你犯下所有該犯的錯，

和同班同學發生關係（然後停止了這樣做）；

學會掌握莎翁詩句的韻律，

讓每個抑揚都有光彩、但不發出嘎吱聲；

你努力練習改變自己的口音，

然後慢慢意識到有一種永無休止的浪潮——

自信和自我厭惡交替浮沉，

一次又一次地湧上來。

（我順便說一句：你以為當你成功時，這些浪潮就會平息，事實並非如此，所以唯一的解決辦法就是少管它們一點。）

你從戲劇學院畢業了,

真是太棒了,太聰明了,太厲害了,

而且,理所當然地你感到很驕傲。

在畢業典禮上,你看著 2 個小丑

站在他們「偶然獲得」的舞台上作秀,

抱著前一天才寫好的講稿喋喋不休。

你心想,**如果這樣的傻瓜都能成功,那世上什麼都有可能發生!**

這話某種程度上是對的,

但也不一定能讓你因此更有信心,

畢竟……這一切都是隨機的 —— 拿丹尼斯

來說好了,

顯然,上帝喜歡用骰子來玩弄宇宙。

於是,你開始出發,找了一個經紀人,

耶,太棒了!

然後——哦,假設你長得非常迷人,

美麗出塵,

你天生就擁有性感基因,能輕鬆地維持身材,

去健身房對你來說一點都不痛苦,

你眼距完美、顴骨高挺,

還有那種現在小孩常有的寬大漂亮的嘴唇。

你發現,只要自己站在鏡頭前,

眼睛望向攝影指導肩膀的後方,

腦海中想像一杯茶,或者一輛三輪車⋯⋯

當光線恰好打在你的眼距和顴骨上,

我們這些觀眾,

就會從你的靜止狀態中讀出悲傷、驕傲或虔誠(哇!)。

而且你還是一位了不起的演員……
一位真誠、有智慧的演員，
努力工作且演技老練等等等，
但這並不是重點，
因為……

你的美貌，

所以……

你獲得了一個獨立電影的角色,
不過在此之前,你拍了一支起司廣告,
還在國王頭劇院酒吧參與共同演出,
(雖然當時你不知道,
那會是你這輩子最後一次踏上劇場的木地板),
然後你客串演出《加冕街》(耶!),
接著在電視劇《霍爾比市》演出了一段故事線(好棒!),
而後……
你終於拿到了一部獨立電影的配角角色,
這部片竟然入圍了坎城影展,
還被魯丁(Rudin)或溫斯坦(Weinstein)那樣的大人物看到,
之後在美國全境上映,
於是你簽下了 CCA[10] 的經紀人,
還有一位……呃,某家公司的經理人。

---

10. 譯註:CCA(Creative Artists Agency)是美國最大的演藝經紀公司。

這些人告訴你，你應該搬到洛杉磯，
因為──

「你在這裡能接更多戲」，

但很明顯，真正的原因是：

**如果你跑去該死的
　國家劇院演舞台戲，
　　他們是得不到報酬的，
　　　對吧？**

（就，順帶一提而已。）

於是你啟程了,
搬到洛杉磯,
和一位來自加拿大的女演員,
在銀湖區合租一間平房,
她相信**「一切都是命中注定」**,
你也這麼相信,
因為從來沒有人提醒你,
這是個愚蠢的迷信;
（就,順帶一提而已。）

照慣例，你苦苦掙扎了 1 年，
穿梭在咖啡店打工和試鏡之間，

然後，時來運轉！

你得到了一個高薪的機會出演，
在《法網遊龍：特案組》第 25 季的 2 集中，

飾演一名性侵受害者。

接著你買了一輛 SUV，
搬進了西好萊塢一間中世紀風格的出租屋，
和一個朋友的朋友合租，他有一個樂團，
（四把班卓琴、一位大提琴手和一位 DJ），
他們曾在科切拉（Coachella）音樂節演出，
貼過一段現場觀眾吃炸熱狗噎到的 YouTube 影片，
這段影片在網路上瘋狂轉傳，
所以他們現在紅透半邊天。

然後 **(耶!)**,

這是你待在洛杉磯的第二個試播季[11],

你開始懷念英國那種濕濕冷冷的安逸感,

而你媽媽在電話那頭一直說:

「親愛的,回家吧,回來就好,真的。」

你去試鏡一部新的 NBC 喜劇,

這個角色在試播集裡台詞不多,

但劇本很棒,還有 16 位厲害的編劇,

他們保證會在後面幾集多寫一些你的戲份,

於是,

經過 6 次二輪試鏡和好幾週的焦慮,

還跟主角一起對戲看你們有沒有火花,

最後你終於得到了那個角色!

你,

這麼渺小的你 ——

---

11. 譯註:試播季(pilot season),美國電視行業在每年年初會集中製作和測試新的節目試播集,以決定是否將這些節目製作成完整的電視劇。

高中時因為滿臉痘痘而被霸凌，
小學老師還告訴你：

要學會收斂一點，
別再試圖炫耀惹人注意。

你這個曾經和 4 個人住在伍德格林小公寓裡的小人物，
一直努力不懈地打磨你的演技，
始終沒有放棄──
如今你終於拿到了他媽的美國主流電視台試播集的角色，
你毫不猶豫地簽下了那份合約：
條款寫著，如果這部作品被製作成系列劇，
你每年將有 39 週、最多長達 8 年，
都得為它效力。

耶！試播集開拍了，

而且真的被電視台選中、拍成了影集，於是……
你的一週從星期一凌晨 4 點半的接送開始，
劇組很棒，演員們也很不錯，
雖然你一天有一半時間窩在片場拖車無所事事，
一切比預期的要無聊得多，
但幾乎每一場戲都有你的影子 ——
大多是在背景裡，
操作著電腦、本生燈、不明螢幕裝置，
擺出一副很忙的樣子。

所以你總是待在片場，
然後毫無意外地，到了每週結束時，
拍攝進度落後了 6 個小時，
你真正離開片場、開始放週末假，
往往已經是星期六凌晨 2 點，
因此你整個週六都在補眠，星期天用來背台詞，
然後重複著：

rolling，
speed…
和
action[12]。

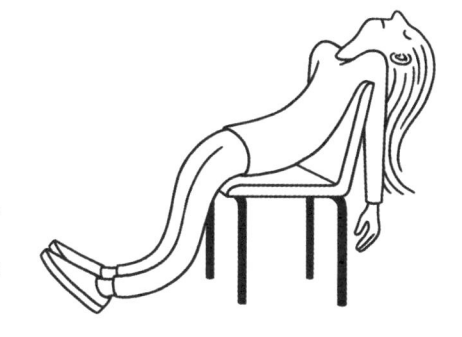

---

12. 編註：3 個片場常用的指令，
    Rolling：攝影機開始運轉；
    Speed：錄音開始；Action：
    開始表演。

這一切都沒關係，

因為這部影集紅了！
你上了電視，

也上了英國的報紙，
上面寫著一些，
你不記得自己說過的事，
然後《每日郵報》則開始評論你的髮型、腹肌，
還有你的屁股……

當第二季開播,收視更高了,
你加薪了,如今每年賺進 100 萬英鎊,

你成了真正的名人,
你交的朋友也都是真正的名人,

你認識珊卓·布拉克、喬治·克隆尼、波諾和
伊隆·馬斯克,
你在山上買了一棟有泳池、有圍欄的別墅,
你單身,但,嗯,這是件很酷的事。
你發現自己很難到交到新朋友,因為 —— 你懂的,
他們接近你時腦子裡已經裝滿了對你的想像:
你的髮型、腹肌,還有屁股。

接著到了第三季,
這部戲不再那麼紅了,
收視率開始下滑,
電視台要求編劇把劇本寫得簡單一點,
削減開支、刪掉那些太複雜的情節,
然後他們就這樣一路硬幹,
一集一集地擠出來,
這一切的動力,
就是 —— 你知道的那個,

然後每年,收視率又再掉一點,
這部劇的品質也逐漸下降,
劇情的創意變得越來越老套。
你那個角色講的台詞都一模一樣,
你早就不記得上一次,
是哪一場戲讓你真的在乎自己說出的那句台詞,
也不記得上一次,
你表達出的想法,
到底有沒有一點 —— 任何一點的價值。

某個週日，你邀請了一些名人朋友來家裡喝點小酒，
這些美麗、善良、慷慨的美國人，
（你真的很喜歡他們，
但卻又總覺得無法真正碰觸到他們，
這群人就像是吃剩的布丁，
放在碗裡用保鮮膜緊緊地包著，
緊到你根本沒注意到保鮮膜的存在，
直到你伸手去挖，
然後湯匙瞬間彈回手心。）
於是你坐在泳池邊，
身邊圍著這些溫柔、保鮮膜般的朋友們，
突然有個念頭閃現在你的腦海中，
你真的很想自由自在地走在街上，
去巷口的酒吧喝一杯，
但你做不到，因為你太有名了，
有名到出不了門；

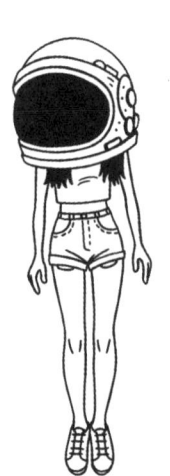

你不能
走出
家門。

這不是什麼警告，
先說清楚；
如果你的人生真的變成那樣，
其實也沒什麼不好。

我寫這段，是為了 10 年後的你們 ──
那些最後沒成為奈特莉、勞里或康柏拜區的人。
當你們接了上百份工作，
就像〈拳擊手〉那首歌裡唱的那樣，
你身上背著每一記拳頭留下的印記，
還扛過無數惡毒推文射來的冷箭，

我希望你能夠記得，在我們這一行，

**成功的意義，
跟他們所想的不一樣。**

而即使你得到了他人認同的那種成功，
對你來說也不一定是最美好的事。

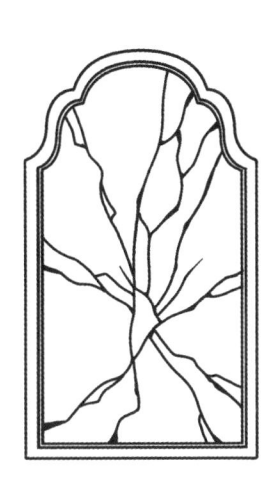

我在你們這個年紀時認識的那些人,
那些和我一起搭建舞台、安裝燈光、
一起飆戲、喝酒、做夢的人,

他們就是 —— 一切。

邁可是你這輩子會遇到最棒的戲劇老師之一,
珍妮蒐集年長者的回憶,並將它們改編成劇本,
布萊恩做木偶,
克莉斯汀經營一個劇團,講述難民的人生故事,
湯米成了一名獸醫,
伊基和原住民長者一起做音樂,
特洛西是一位母親,
賈斯托則有一大群孩子,他畫畫,同時也是一名大律師,
(噢,你真該聽聽他的嗓音,那感覺像是李爾王在為你辯護。)
托比是個海盜,
貝克則開了一家活動策劃公司………

再說個顯而易見的事吧：
在我那些朋友之中，
我從沒看出來 ——
快樂和財富之間有什麼關聯，
快樂和名氣之間也沒有。
快樂的人通常都一直努力向前，
他們通常也很慷慨，
並往往能創造出，
有價值的洞見。

這就是你的工作（就，順帶一提）：
把有價值的想法，帶進這個世界。

所以，去尋找那些值得講述的
故事與人生，
那些該被教會的課，
然後去講述，去傳授，
永遠保持熱情，
我們等等酒吧見！

滿滿的 愛。

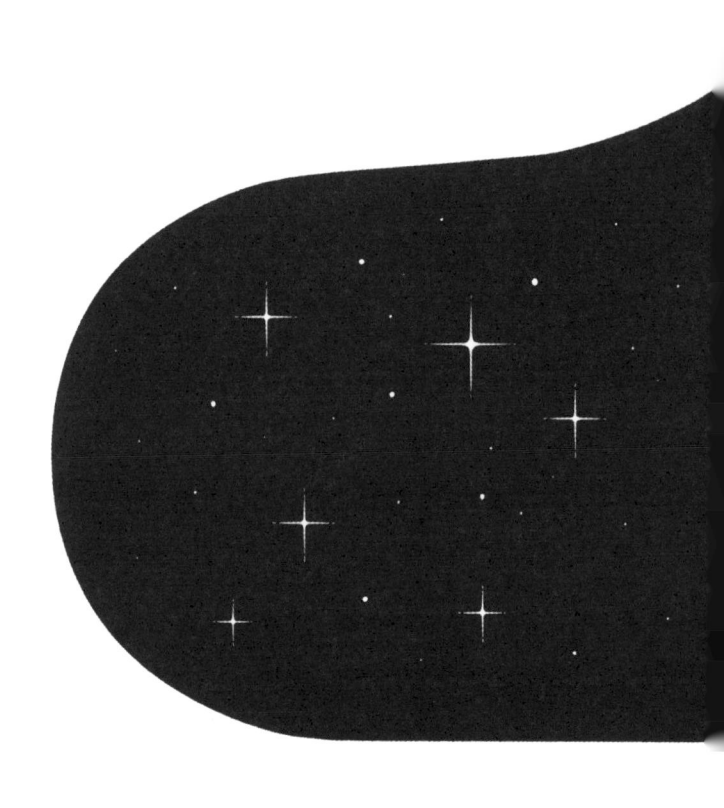

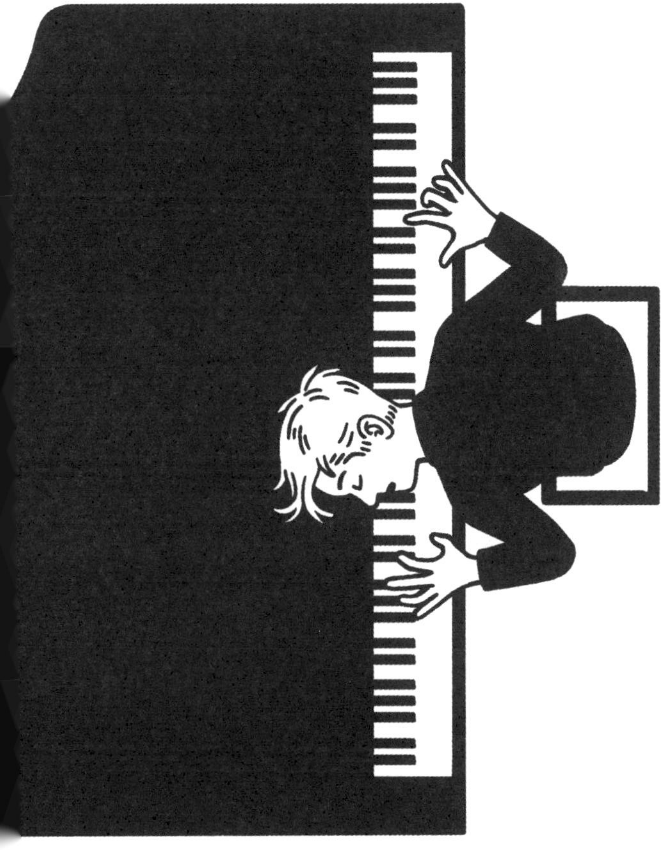

你不必有個夢想
人生的 9 堂課提醒你 —— 慢一點,沒目標也能活得好

作者:提姆・明欽(Tim Minchin)
繪圖:安德魯・瑞(Andrew Rae)
譯者:李佳

總編輯:張國蓮
副總編輯:李文瑜
資深編輯:袁于善、林倚安
責任編輯:李文瑜
美術設計:楊雅竹

董事長:李岳能
發行:金尉股份有限公司
地址:新北市板橋區文化路一段 268 號 20 樓之 2
傳真:02-2258-5366
讀者信箱:moneyservice@cmoney.com.tw
網址:money.cmoney.tw
客服 Line@:@m22585366

製版印刷:緯峰印刷股份有限公司
總經銷:聯合發行股份有限公司

初版 1 刷:2025 年 6 月

定價:420 元
版權所有 翻印必究
Printed in Taiwan

YOU DON'T HAVE TO HAVE A DREAM: Advice for the Incrementally Ambitious by TIM MINCHIN
Copyright © Tim Minchin 2024
Illustrations by Andrew Rae
First published as YOU DON'T HAVE TO HAVE A DREAM : Advice for the Incrementally Ambitious in 2024 by Ebury Press, an imprint of Ebury. Ebury is part of the Penguin Random House group of companies.
Tim Minchin has asserted his right to be identified as the author of this Work in accordance with the Copyright, Designs and Patents Act 1988
No part of this book may be used or reproduced in any manner for the purpose of training artificial intelligence technologies or systems. This work is reserved from text and data mining (Article 4(3) Directive (EU) 2019/790).
This edition arranged with Ebury Publishing, a division of The Random House Group Limited through BIG APPLE AGENCY, INC. LABUAN, MALAYSIA.
Traditional Chinese edition copyright:
2025 KINGWAY MEDIA CO., LTD.
All rights reserved.

國家圖書館出版品預行編目(CIP)資料

你不必有個夢想:人生的9堂課提醒你:慢一點,
沒目標也能活得好 / 提姆.明欽(Tim Minchin)作.
-- 初版. -- 新北市:金尉股份有限公司, 2025.06
　面；　公分
譯自:You don't have to have a dream
ISBN 978-626-7549-25-4(平裝)

1.CST: 生活指導 2.CST: 自我實現

177.2　　　　　　　　　　　　　　114006623

金尉出版

金尉出版